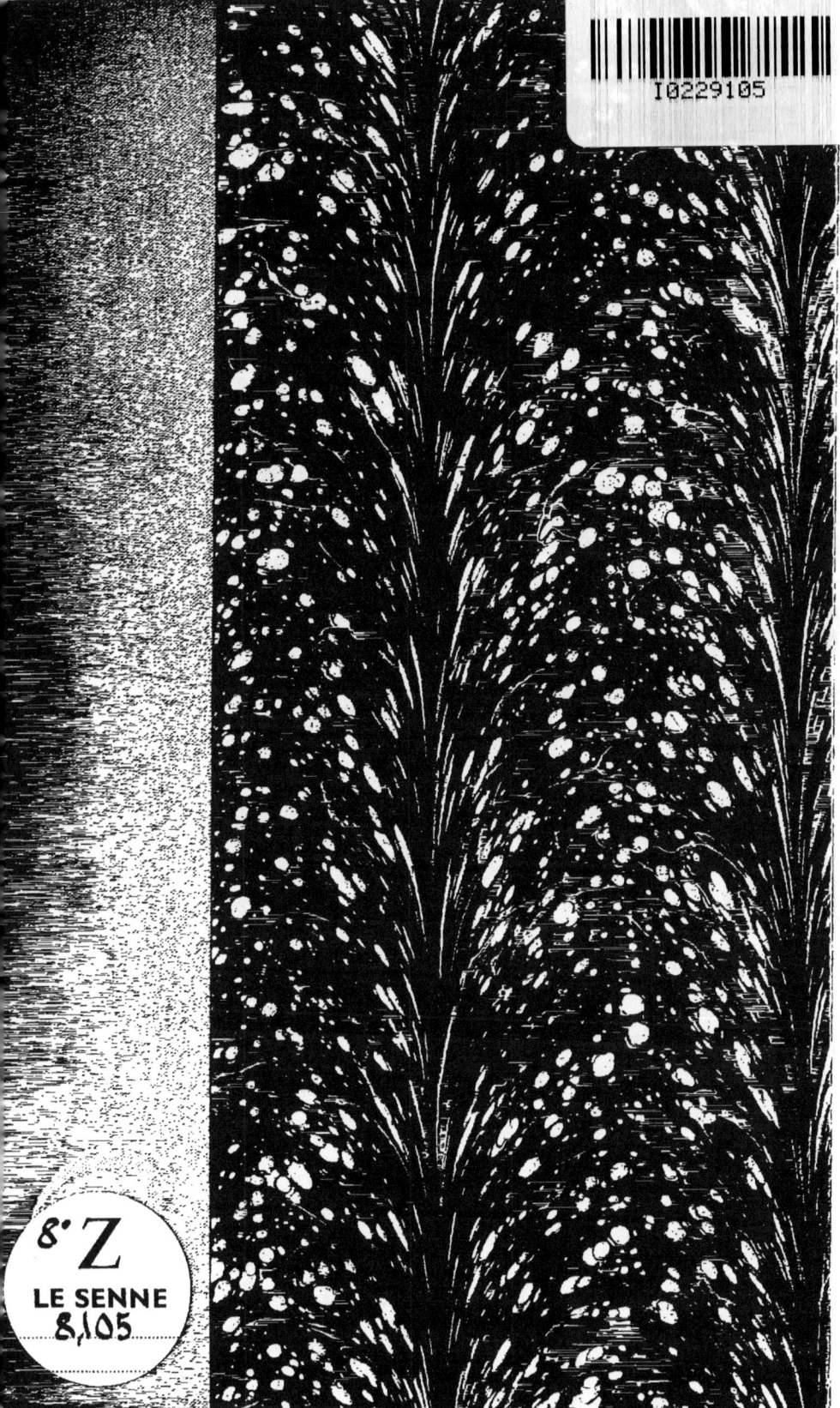

MÉMOIRE

SUR LES BAS-RELIEFS

Qui décorent les dehors des murs et la partie extérieure du Chœur de l'Eglise de Notre-Dame à Paris;

PAR M. LE PRÉSIDENT

FAURIS DE SAINT-VINCENS,

Correspondant de l'Institut.

Lu à la Séance de la troisième Classe, le 6 Octobre 1815.

PARIS,

DE L'IMPRIMERIE DE J. B. SAJOU,
Rue de la Harpe, n.° 11.

1815.

Extrait du Magasin Encyclopédique, Numéro de Septembre 1815.

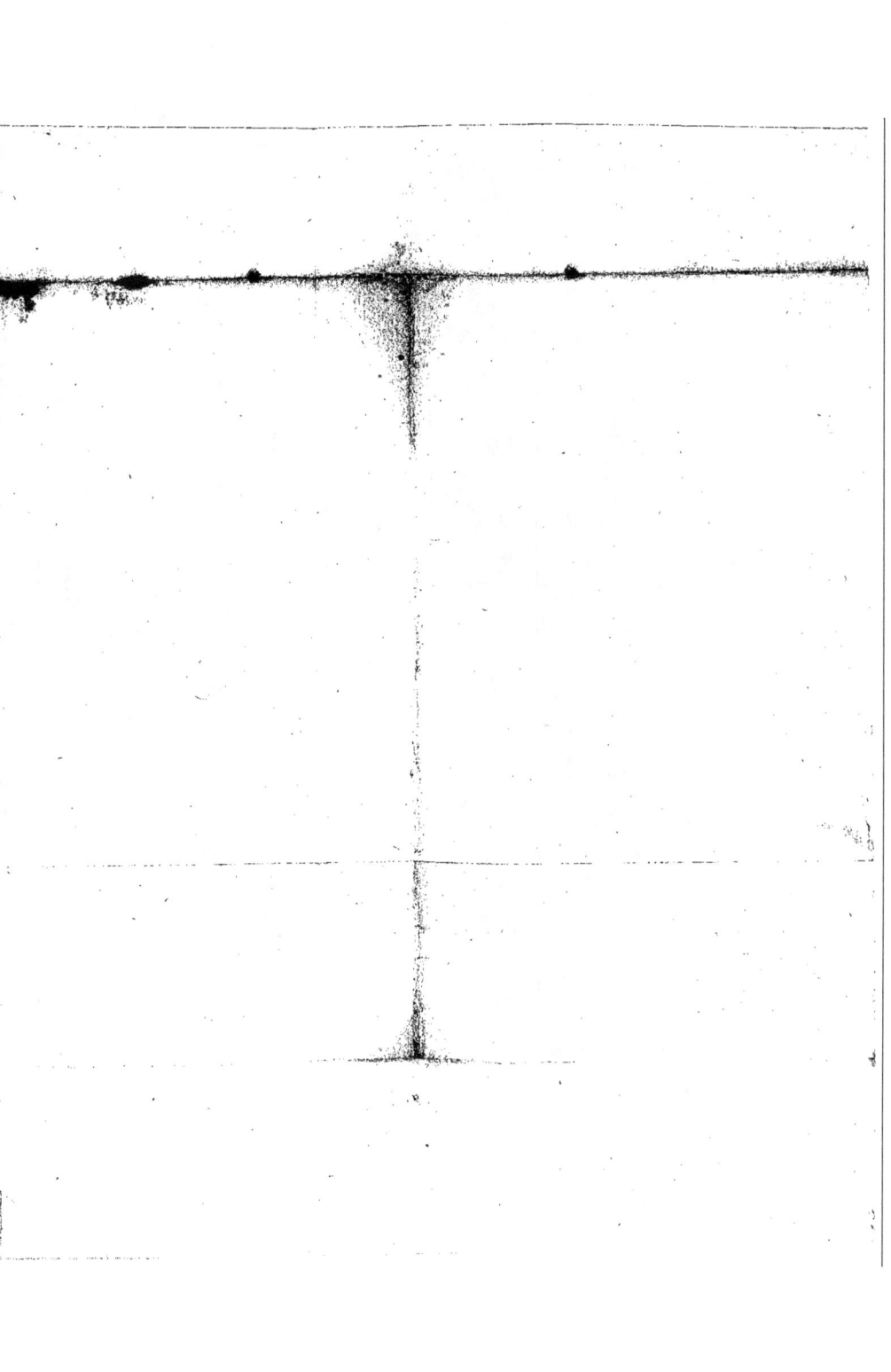

MÉMOIRE

Sur les Bas-reliefs qui décorent les dehors des murs et la partie extérieure du Chœur de l'Eglise de Notre-Dame à Paris; par M. le Président Fauris de Saint-Vincens, *Correspondant de l'Institut. Lu à la séance de la troisième Classe, le 6 Octobre 1815.*

Dans un Mémoire sur la Tapisserie du Chœur de l'Eglise cathédrale d'Aix, que j'ai présenté à l'Institut en 1812, j'ai fait remarquer que l'un des panneaux de cette tapisserie représentoit à peu près la même action que celle qui est sculptée sur le mur septentrional extérieur de la Métropole de Paris; il s'agit d'un miracle dont les Ménologes grecs ont fait mention, et que plusieurs diptyques et tableaux anciens ont représenté: les Apôtres portent en terre le cercueil dans lequel est le corps de la Vierge; un Juif a voulu le renverser; ses mains sont coupées et sont restées attachées au cercueil. J'ai dit, dans ce Mémoire, qu'après avoir examiné attentivement les sculptures dont les murs extérieurs de l'Eglise de Notre-Dame sont chargés, je pensois qu'elles méritoient d'être décrites.

Etant revenu à Paris, j'ai cherché à connoître ce qu'ont dit en particulier, sur les bas-reliefs de Notre-Dame, les auteurs qui ont parlé des monumens et des curiosités que renferme cette église.

J'ai lu l'Histoire de la Ville et de tout le Diocèse de Paris, par M. l'abbé Lebeuf, les Dissertations du même auteur sur l'Histoire ecclésiastique et civile de Paris. J'ai consulté les auteurs même les plus anciens; ils donnent, tout au plus, des indications très-superficielles sur les objets que j'ai cherché à connoître.

La Description historique des Curiosités de l'Eglise de Paris (in-12, 1763) parle à la vérité de quelques bas-reliefs qui sont du côté du cloître; mais l'auteur a négligé tous les autres: il décrit avec le plus grand détail les ornemens d'église, les tableaux et même les tombeaux et les épitaphes.

En 1768, il a été imprimé un ouvrage in-fol. intitulé : Description historique et chronologique de l'Eglise métropolitaine de Paris, etc. (1). Je n'en ai trouvé que deux

___
(1) Chez M. *Delormel*, imprimeur-libraire, rue du Foin S. Jacques.

exemplaires, l'un à la Bibliothéque du Roi, l'autre chez M. Brial, de l'Institut, ancien bénédictin de l'abbaye de Saint-Germain (1). Cet ouvrage est orné d'un grand nombre de gravures, et suivi des vies très-détaillées et des portraits des évêques de Paris et des chanoines les plus connus. Il a 494 pages sans compter les gravures. (Un second volume étoit annoncé.) Je m'attendois à y trouver des détails sur tous les bas-reliefs qui appartiennent à cette église. Je citerai plus bas le peu que l'auteur en a dit.

M. Gilbert, auteur d'une Description historique des Curiosités de l'Eglise de Paris, publiée en 1811, dans le *Magasin Encyclopédique*, a recueilli d'immenses matériaux sur les faits et les monumens relatifs à cette église. Il pourroit en écrire l'histoire d'une manière intéressante, ce qui n'est sans doute que renvoyé à un autre temps. Les détails que j'ai cherché à connoître étoient étrangers à l'objet qu'il vouloit remplir alors.

Je commence ma description par le

―――――――――

(2) M. Gilbert en a vu un troisième, à Sens, chez M. *Tarbé*, imprimeur-libraire. On voit, sur le frontispice de ce dernier exemplaire, le nom de l'auteur qui est M. Charpentier, avocat; et la date de 1757 y est marquée au lieu de celle de 1768.

grand portail qui tourne du côté de la Place.

Ce Portail est remarquable par son élévation et par ses trois grandes portes qui sont faites en enfoncement et ornées de quantité de figures en pierre, travaillées en relief, dont un grand nombre a rapport à l'histoire du Nouveau Testament.

Au haut de la grande porte du milieu est représenté le jugement dernier. Les Anges sonnent de la trompette. Ils sont au dessous des élus et des réprouvés, et l'on voit les tombeaux s'ouvrir. L'action n'est pas encore terminée, et l'artiste a voulu faire connoître que le dernier jugement est encore en instance. Les Anges continuent à sonner de la trompette, et les morts à ressusciter (1).

(1) Les prédicateurs du douzième siécle, ceux même du quatorzième ont pris le plus souvent pour les sujets de leurs sermons le jugement dernier. Le texte de tous les sermons de Saint-Vincent Ferrier étoit, *ecce venit finis universæ carni*. Une opinion assez généralement répandue s'étoit établie en Occident, que la fin du monde arriveroit à la fin du dixième ou au commencement du onzième siécle : on crut ensuite qu'elle arriveroit à la fin du treizième siècle : et à l'epoque où préchoit Saint-Vincent Ferrier, c'est-à-dire après le milieu du

Dans la partie la plus haute est Notre-Seigneur assis sur son trône, accompagné de deux Anges, dont l'un tient la croix, et l'autre la lance et les cloux qui ont servi à sa passion. D'un côté est la Vierge à genoux, et de l'autre S. Jean l'Evangéliste. Le contour des arcades est orné de figures d'Anges, de Prophètes et de Saints. Plus bas, à la droite du spectateur, sont les réprouvés que le Démon, avec une chaîne ou une barre, conduit en Enfer. L'Enfer est représenté dans cinq compartimens qui sont à la suite; on y voit les flammes auxquelles sont livrés les damnés; ils sont plongés dans une mer de soufre et de feu; les Diables les y font entrer à coups de fourches : d'autres réprouvés sont emportés par des chevaux indomptés, ou foulés aux pieds par les Démons, ou pressés entre leurs jambes; d'autres Démons

quatorzième siécle, on croyoit, dans les royaumes chrétiens de l'Europe, que la fin du monde auroit lieu à la fin de ce même siécle. Le jugement dernier fut représenté à ces différentes époques sur les façades des principales églises. Le même sujet fut sculpté sur un grand nombre de tombeaux. Le seul ancien mausolée qui reste à Notre-Dame, et que l'on voit en entrant dans la nef à gauche, représente le même sujet. Il est du quinzième siecle.

leur donnent des coups de fouet ou de massue. Les Diables ont des têtes affreuses et des corps hideux. De l'autre côté, dans des compartimens égaux, sont les élus et les Saints; mais l'artiste a mieux réussi à rendre l'Enfer effroyable, qu'à représenter les délices du Paradis. Il est plus aisé de peindre la douleur, l'effroi et des figures effrayantes, qu'une joie douce; la beauté et la régularité des formes étoient inconnues à cette époque.

La porte étoit carrée et séparée en deux parties par un pilier. Au dessus du pilier, on voyoit sortir, de la terre ou des tombeaux, des morts de toutes les conditions. L'état de plusieurs d'entre eux étoit désigné par des casques, des mîtres et des chaperons. Ils étoient dans un vaste champ; au milieu de ce champ de mort étoit S. Michel pesant les ames dans une balance; et deux Démons, dont l'un grand et l'autre petit, vouloient faire pencher la balance; enfin, sur le pilier, étoit une grande figure de J. C. portant le livre des Evangiles, et donnant sa bénédiction, ce qui terminoit l'action.

Au lieu de cette porte carrée, M. Soufflot, architecte, chargé, en 1771, de faire une porte nouvelle pour l'entrée des Rois et des autorités, a détruit le pilier, et enlevé ce qui étoit au dessus. Il a construit une porte en ogive sous une voûte de la même forme. On ne voit plus les morts sortir de leurs tombeaux; il n'y en a plus qu'une petite partie. S. Michel n'existe plus; J. C., placé au haut du portail, avoit les pieds appuyés sur le globe de la terre, sur lequel les terres, les mers et quelques villes étoient représentées. M. Soufflot a détruit ce globe pour lui substituer un ornement semi-circulaire et insignifiant. De cette manière, le bas-relief du jugement dernier a été tronqué, et l'on a détruit l'effet de cette grande composition, qui, par son ensemble, présentoit beaucoup d'intérêt. La partie des morts qui ressuscitent étoit peut-être la mieux exprimée. (M. Gilbert possède un dessin de l'ancien portail.).

A droite et à gauche de la porte, on voit vingt-quatre bas-reliefs qui sont élevés de quatre à cinq pieds au dessus du sol. Je vais tâcher de les expliquer. (Voir la planche première.).

Les auteurs qui, dans les quinzième, seizième et dix-septième siécles, ont écrit sur la pierre philosophale, ont dit beaucoup de puérilités sur plusieurs des sculptures qui sont sur ce grand portail du milieu. Ils ont prétendu que les deux bas-reliefs qui sont sur le pilier à la gauche du spectateur, et qui représentent Job injurié par sa femme et ses amis, et le même patriarche voyant ses arbres et ses domaines renversés par des torrens, sont des emblèmes de la pierre philosophale dont la matière doit souffrir toutes les sortes de macérations et d'altérations avant d'arriver à la perfection (1). Le pilier à droite, qui est en regard avec le premier, porte deux bas-reliefs dont celui du haut est le sacrifice d'Abraham : on y voit Abraham, Isaac, un Ange, un mouton et un fagot ; ce qui, d'après les mêmes auteurs, signifie le soleil ou le feu, la matière et l'artisan, trois parties nécessaires à leurs opérations ; ils croyent reconnoître encore les emblèmes de la voie qu'il faut prendre pour parvenir au grand œuvre, dans le bas-relief qui est au dessous du sacrifice d'Abraham, où est un homme marchant à la clarté d'un rayon : l'artiste n'a cependant prétendu y exprimer (quoique d'une manière assez singulière) que le même patriarche quittant son pays pour suivre la vocation de Dieu.

Un auteur du dix-septième siècle, nommé Arnaud de la Chevalerie, a publié, en 1612,

(1) Je n'ai pas fait graver les bas-reliefs de Job et d'Abraham, qui, pour le travail, sont fort au dessus du siècle où ils ont été faits.

une explication des signes du cimetière des Innocens, dans laquelle il les rapporte tous à la pierre philosophale. Il attribue à Nicolas Flamel, qui avoit fait bâtir une des arches de ce cimetière à la fin du quatorzième siécle, des systèmes philosophiques et hermétiques que Flamel n'avoit jamais eus. C'étoit un homme vivant pieusement, faisant beaucoup de bonnes œuvres, et qui avoit fait bâtir à ses frais plusieurs monumens consacrés à la religion, entre autres une des portes de l'église de S. Jacques, sa paroisse. Sa vie a été décrite dans ce sens-là en 1761, plus de trois cents ans après sa mort, par M. Villain ou Villani, prêtre attaché à l'église de S. Jacques-de-la-Boucherie.

Sans m'arrêter aux systèmes des chercheurs de la pierre philosophale, je vais parler de vingt-quatre médaillons qui sont sur les côtés de la porte d'entrée, et rangés en lignes parallèles.

Voici ce qu'en dit l'ouvrage in-fol. qui a paru en 1768 : « Après une base en mou« lure qui commence à la hauteur du pavé, « et qui a environ un pied de hauteur, « est une bande qui peut en avoir deux « et demi. Cette bande est pleine dans toute « sa surface de lozanges, et au dessus est « un autre plan de même hauteur, à peu

« près coupé horisontalement en deux par-
« ties. Dans celle d'en bas l'on voit plusieurs
« cercles en creux ayant dans leur profon-
« deur des groupes de petites figures; la par-
« tie supérieure est partagée en plusieurs
« cadres qui sont aussi ornés de groupes.
« Quelques-unes des figures tiennent d'une
« main appuyée sur la poitrine une espèce
« d'écusson où est sculptée une figure d'a-
« nimal que je conjecture être des symboles
« allégoriques (1). »

Cette explication est bien briève et bien peu satisfaisante.

L'abbé Lebeuf pense que ces bas-reliefs doivent représenter chacun, une vertu ou un vice. Je saisis cette idée qui m'a paru vraie, et j'applique à chacun d'eux, les indications qu'a pu me procurer la lecture des auteurs qui ont écrit en général sur les symboles et les emblèmes modernes, ou ce dont j'ai pu juger moi-même par l'inspection de ces médaillons.

N.° 1. *Pl. I.* — Le premier, à la gauche du spectateur, représente une femme assise

---

(1) Voy. la Description historique et chronologique de l'Eglise métropolitaine de Paris, etc., page 65.

portant un cartouche dans lequel est un aigle; au dessous de ce médaillon on en voit un autre dans lequel est un homme qui tombe de cheval; il a la tête en bas, et il cherche à se retenir à la crinière du cheval. L'aigle, porté par la femme, paroît signifier l'élévation de l'ame, la grandeur des sentimens.

La chûte de cheval est l'emblème de la témérité causée par le désir de s'élever (1).

N.º 2. — Dans le second médaillon du haut, on voit une femme portant un cartouche dans lequel est un serpent replié autour d'un bâton; c'est l'emblème de la prudence (2); le médaillon de dessous contient un homme portant d'une main une torche allumée, et de l'autre une trom-

(1) Voici comment le traducteur d'Alciat a traduit l'emblème 110 :

<blockquote>
Le postillon qui a mauvais cheval
Tire la bride en vain et tombe aval.
Ne commets rien à l'homme en ta maison
Que volonté gouverne et non raison.
</blockquote>

(2) *Mulier innixa super baculum cui adhæret serpens vim prudentiæ significat.* (Iconologie de César de Ripa.) N.º 41.

pelte ou un petit cor, emblèmes de la folie :

Ignem nec tubam neque gladium insano confidas.

N.º 3. — Le troisième médaillon du dessus est une femme qui porte dans un écusson une salamandre: cet animal est l'emblème des êtres privilégiés qui bravent les élémens et tous les obstacles. On croyoit qu'il vivoit dans le feu; François I l'avoit choisi pour son emblème.

Le médaillon qui est au dessous représente un personnage courbé, qui tient une balance qu'il va déposer à terre : sa chevelure descend sur ses épaules, et son attitude courbée en a éparpillé une partie sur son front. Il est vêtu d'une robe étroite et très-longue serrée autour de ses reins par une large ceinture arrêtée par un gros nœud. Il relève avec sa main droite la queue de sa robe.

Je crois voir sur le premier médaillon l'emblème du zèle et du dévouement avec lesquels la vertu doit être pratiquée, et la justice doit être rendue; et sur le second, l'image de celui qui, par son incapacité ou par son insouciance, est courbé sous le poids de ses fonctions, qu'il est obligé d'abandonner (1).

N.º 4. — Dans le quatrième médaillon du haut, on voit une femme tenant un médaillon où est la figure d'un mouton, emblème de la douceur.

Le médaillon de dessous contient une femme endormie, appuyée de la main droite sur un cippe, tenant de la main gauche un manchon : c'est l'emblème de la foiblesse et de la nonchalance, excès dans lequel tombent quelquefois les personnes d'un caractère doux (2).

N.º 5. — Dans le cinquième médaillon d'en haut, est une femme d'une attitude ferme qui tient un cartouche, contenant un guidon ou un étendard, emblème du courage et de l'espérance.

Au dessous est une femme qui enfonce un

(1) La figure supérieure et la figure inférieure du N.º 3 ont été refaites vers le milieu du dernier siècle. On peut voir, dans la gravure, qui rend les objets avec exactitude, que les anciennes sculptures des médaillons qui sont sur le portail de Notre-Dame sont travaillées avec plus de goût que celles qui ont été refaites.

(2) Le premier des deux médaillons du N.º 4 a été refait.

poignard dans son corps, image du désespoir.

N.° 6. — On voit, dans le sixième médaillon du haut, une femme qui porte un cartouche, contenant une croix, signe de la religion et de la piété. Dans le médaillon de dessous, un homme paroît admirer ou même adorer une petite tête qui est dans un médaillon. Est-ce un idolâtre ou un homme qui contemple l'image de sa maîtresse ?

De l'autre côté de la grande porte sont encore douze médaillons.

N.° 7. — Dans le premier, un personnage dont la tête et le menton sont couverts d'une maille de fer, et revêtu d'une robe longue maillée, porte une épée et un cartouche contenant un lion; au dessous est un homme qui a laissé tomber son sabre et qui fuit, poursuivi par un lièvre; une chouette est sur un arbre à côté de lui, emblèmes du courage et de la lâcheté.

N.° 8. — On voit, dans le second médaillon, une femme voilée tenant un cartouche où il y a un bœuf. Dans le médaillon qui est au dessous est un homme qui tire une épée contre un religieux. Je crois voir dans ces deux médaillons l'emblème de la force et celui de la violence qui en est l'abus.

N.º 9. — Dans le troisième Numéro, est un personnage aussi voilé, qui tient un cartouche, dans lequel est une brebis dont la tête est fort écornée; au dessous, une femme, qui a la tête couverte et un manteau sur ses épaules, donne un coup de pied à un homme qui est à genoux devant elle et qu'elle renverse. La brebis pourroit être un second emblème de la douceur mise en opposition avec la colère et la violence.

N.º 10. — Le quatrième médaillon représente la candeur sous l'emblème d'un lys. Le personnage qui porte le lys regarde le Ciel d'où lui vient un rouleau déployé. *Innocentia quæ liliorum candorem exuperat nobis de Cœlo mittatur, et fructum pacis afferat.* « L'innocence, qui surpasse « la candeur du lys, produira en nous la « paix; nous désirons qu'elle nous soit envoyée « du Ciel. » BERNARD., *in Cantico Canticor.*

Dans le médaillon de dessous, deux hommes qui nous représentent les effets de la discorde, se battent, l'un à coups de pierres, l'autre en voulant étrangler son adversaire. Aux pieds de l'un des combattans est une bouteille, pour marquer que les querelles sont souvent l'effet de l'ivrognerie.

N.º 11. — Sur le cinquième médaillon d'en haut, on voit une femme qui tient un petit cartouche dans lequel est un chameau. Dans celui de dessous est un évêque qui fait un don à un homme en manteau : cet homme veut le frapper.

Le chameau aime le travail, il est attaché à ses conducteurs, il est prudent et vit de peu; le pauvre, qui est paresseux, refuse de travailler; il se met en colère, si on ne lui donne pas avec abondance; il est ingrat envers ses bienfaiteurs.

N.° 12. — Le sixième médaillon du haut contient une femme qui tient de la main droite une espèce de corbeille, ou mieux encore un récipient ou tout autre instrument pour la science; de la gauche, elle porte une base écrite soutenant un compas et un à-plomb ou perpendiculaire. Le médaillon, qui est au dessous, est assez difficile à expliquer, quant au sens allégorique qu'il peut avoir.

Un moine a déposé à la porte de son couvent son habit et ses souliers, et il s'en va en simple tunique.

On voit, dans le médaillon du dessus, l'Etude et la Sciences, figurées par une femme munie des instrumens nécessaires; et le religieux qui abandonne son monastère, et qui a quitté ses habillemens monastiques, doit figurer celui qui abandonne la régularité et l'étude pour se livrer à l'oisiveté.

La porte qui est à la droite du grand portail étoit appelée la *porte Sainte Anne*. On voit, sur le pilier du milieu, S. Marcel, évêque de Paris, terrassant un Dragon avec sa crosse; la tête du Saint a été renversée.

Au dessus du portail sont sculptées, en petites figures, les premières histoires du Nouveau Testament.

1.º Dans une petite niche qui est au dessus du pilier, S. Joseph veut se séparer de Marie qui le supplie les mains jointes de ne pas l'abandonner; il s'en va sans l'entendre.

2.º Il est ramené par un Ange, il demande pardon à genoux; la Vierge le relève.

3.º Il conduit la Vierge chez lui (1).

(1) La coiffure de tête que portent S. Joseph et plusieurs patriarches qui sont représentés au dessus des diverses portes de Notre-Dame, consiste en une espèce de chapeau rond dont les ailes sont très-petites, et qui est surmonté d'un sommet ou bouton.

C'est une des espèces de chapeaux de voyageurs que l'on voit sur les anciens monumens grecs du moyen âge. Tout nous rappelle que les premiers artistes qui ont travaillé aux monumens des bas-temps étoient grecs.

L'ordre chronologique est interverti par la place qu'occupent ces trois sujets; leur véritable place devroit être après l'Annonciation qui est dans le rang au dessus, N.° 5.

Les sculptures qui sont au dessus commencent par l'annonce de la naissance de S. Jean-Baptiste.

4.° Le prêtre Zacharie à genoux devant un autel, au dessus duquel est une lampe, reçoit la révélation de l'Ange Gabriel : l'autel est au haut d'un escalier.

5.° L'Annonciation vient ensuite toujours au second rang.

6.° La Visitation.

7.° La naissance de J. C. Au dessus du lit où est couchée la Vierge, est la crêche dans laquelle est l'Enfant Jésus, réchauffé par le bœuf et l'âne.

8.° Derrière le lit de la Vierge, on voit S. Joseph et l'annonce aux Bergers.

9.° Hérode tient son Conseil avec les Mages sur la naissance du nouveau Roi.

10.° Les Mages, après avoir quitté Hérode, viennent à Bethléem avec leurs chevaux : leur marche se replie sur le deuxième rang des sculptures.

11.° Les Mages parlent à S. Joseph, qui ensuite les présente à l'Enfant Jésus, déja assez grand, qu'il prend par la main. Cette manière est conforme à quelques bas-reliefs des tombeaux chrétiens des troisième et quatrième siécles. Lorsqu'on voit sur les bas-reliefs l'Enfant Jésus adoré par les Bergers, il est représenté enveloppé de langes et couché dans la crèche. Lorsqu'il s'y agit de l'adoration des Mages, l'Enfant est assis sur les genoux de sa mère, vêtu d'une tunique; il paroît être âgé de deux ou trois ans.

Après les actions que j'ai expliquées plus haut, et qui interrompent les sujets de l'enfance de J. C., on voit la présentation au temple. S. Joseph porte les colombes, la Vierge porte l'Enfant Jésus.

Au dessus des deux rangs de sculpture que je viens de décrire, on voit, en figures d'une plus grande proportion, presque demi-nature, la Vierge assise tenant son fils sur ses genoux; elle a à ses côtés deux Anges et deux Rois, qu'on croit être David et Salomon. Dans le contour des arcades, le Père Eternel est dans sa gloire, entouré de prophètes; plus bas, l'agneau pascal, et au dessous Jésus-Christ environné d'Anges et de Saints. Les grandes figures qui étoient aux deux côtés de S. Marcel n'existent plus.

La porte à gauche, du côté du cloître, est, comme celles dont on vient de parler, séparée par un pilier sur lequel étoit une statue de la Vierge portant l'Enfant Jésus. Sous les pieds de la Vierge étoit un monstre dont le bas finissoit en serpent; au dessous étoient Adam et Eve dans le Paradis terrestre, se cachant après leur péché. Il ne reste de tout cela que quelques débris. On voit, au dessus de la porte, la mort de la Vierge; les Apôtres l'ensevelissent. Plus haut encore est son couronnement par un Ange; Jésus-Christ est assis à côté d'elle. Deux Anges à genoux portent des chandeliers avec des cierges allumés (1); le reste de l'arcade est rempli d'Anges et de Saints. Les grandes figures du bas qui sont des deux côtés, et celles du haut n'existent plus.

Les sculptures qui entourent le portail sont dignes d'attention, quoique la plupart soient dégradées.

1.° Sur une bande à la gauche du spectateur, qui est au dessus des quatre niches terminées en ogive, étoient les têtes des emblèmes des quatre Evangélistes; il n'en existe plus que des débris.

(1) On voit, sur des tableaux grecs, des Anges faisant fonctions d'acolytes à l'enterrement de la Vierge, et les Apôtres y officient revêtus des ornemens sacerdotaux.

2.º De l'autre côté de la porte, dans la même direction, sont les débris de trois personnages représentant une tentation du Démon : le Diable montroit à un jeune homme, à côté de lui, un château et une jeune fille : celle-ci rejetoit la proposition du Démon; il n'y a d'entier que le château.

Les bas-reliefs les plus curieux de ce portail sont les signes du Zodiaque. M. Dupuis, dans son ouvrage sur l'Origine de tous les Cultes, a fait graver d'une manière assez élégante, mais pas toujours exacte, les figures qui représentent ce Zodiaque; il a fait graver encore tous les bas-reliefs correspondans (*Planche*, N.º 18.) (1).

M. Le Gentil a parlé de ce même Zodiaque, d'une manière étendue, dans une lettre qu'il a écrite à l'auteur du Journal de France, en 1786. J'ai extrait les détails les plus intéressans de ces ouvrages en ce qu'ils peuvent entrer dans mon plan. La lettre de M. Le Gentil est imprimée dans le Journal général de France du 29 Mars 1786.

---

(1) Ces bas-reliefs étoient alors moins dégradés. Je les ai fait graver au simple trait (ci-après, *Planche* 2) dans l'état où ils étoient au commencement de la révolution. Quelques erreurs ou omissions de M. Dupuis sont réparées.

Nos pères, à l'exemple des peuples de l'Orient, ont représenté, à l'entrée des temples, les signes du Zodiaque; ils les ont considérés comme un calendrier qui devoit guider les travaux de la campagne pour chaque mois de l'année. Voici l'ordre dans lequel ils ont été placés sur le portail de Notre-Dame.

Au dessous de la tour septentrionale, à gauche, en partant du premier pilier d'entrée qui ne contient que des sculptures en feuillages, on voit sous le second pilier, dans une niche, le Verseau représenté de la manière suivante :

N.° 1. *Pl. II.* — 1.° Un homme est à cheval sur un gros poisson ; de la droite, il soutient un bateau sur l'eau et à la voile : une autre personne est assise sur la queue du poisson, s'appuyant sur le chapiteau qui est à côté de lui. Cette seconde figure est entourée par une rivière (1).

(1) Le Verseau, qui est le signe du mois de Janvier, est ici placé le premier, quoique à l'époque de cette construction, l'année commençât en Mars, dont le signe est le Bélier qui est placé plus haut. M. Pasumot, auteur d'un Mémoire sur ce Zodiaque, dont il existe peu d'exemplaires, et de plusieurs bons ouvrages sur l'Histoire de Bourgogne, croit qu'il faut commencer par le Bélier,

N.º 2. — 2.º Les Poissons sont sculptés au dessus de la niche et au dessous du pilier.

Sur le pilier, en remontant, sont représentés dans des cases différentes :

N.º 3. — 3.º Le Bélier.
N.º 4. — 4.º Le Taureau.
N.º 5. — 5.º Les Jumeaux.
N.º 6. — 6.º Au haut du pilier, le Lion.

Dans l'ordre des signes du Zodiaque, ce devroit être le Cancer.

Cette transposition a donné lieu à beaucoup de raisonnemens divers. Il est bien à présumer qu'il ne s'agit ici que d'une erreur de la part du sculpteur. Les dessins de chaque signe, dit M. Pasumot, ayant été faits d'abord sur des feuilles séparées, ainsi que cela se pratique ordinairement, celui du Lion se sera trouvé placé par mégarde au dessus de celui du Cancer; et l'ouvrier, sans y faire trop d'attention, aura travaillé d'a-

qui est le premier du pilier, en commençant par en bas. La manière dont les signes sont disposés me fait penser que le sculpteur a voulu se conformer à la manière de compter les mois des Romains qui, depuis Numa, faisoient commencer leur année au mois de Janvier.

près que les feuilles du dessin auront été placées (1).

Le dernier pilier de cette façade, du côté droit, est sculpté en feuillages. Celui qui vient après, et qui fait le pendant de celui qui porte les six premiers signes du Zodiaque, contient les sculptures des six derniers.

Nous commençons par le haut du pilier.

N.º 7. — 1.º Le Cancer, figuré par une grosse écrevisse de mer appelée homard.

(1) Le même auteur remarque ensuite, avec beaucoup de justesse, que, d'après les usages et coutumes du temps, ce Zodiaque ayant été sculpté dans la seule intention de présenter à ceux qui l'observeront, une manière d'almanach relatif aux travaux de la campagne pour chaque mois, il est impossible d'imaginer que l'arrangement des signes, la manière de les exprimer, leur transposition même, ont pu être le résultat de savantes observations astronomiques, ou qu'on a voulu copier les Zodiaques égyptiens. Le Zodiaque de Notre-Dame est du même genre, et fait dans la même intention que ceux que l'on voit à la porte d'autres églises, ou même dans les vieux livres de liturgie et les anciennes heures manuscrites. Les travaux de chaque mois sont aussi dans la plupart mis à côté des signes qui les caractérisent.

2.° On devroit voir ensuite la Vierge; on y voit un sculpteur qui taille un bloc de pierre. Le sculpteur a voulu rapporter à la statue de la Sainte-Vierge, qui est au milieu de ce portail, le signe du Zodiaque, nommé la Vierge, et se représente lui-même travaillant à cette statue (1). Voilà l'explication la plus probable qu'on peut donner à ce bas-relief (2).

(1) Cette figure paroît avoir été refaite; elle est vêtue comme l'étoient les ouvriers du seizième et même du dix-septième siècles.

(2) On ne sera peut-être pas fâché de voir ici le système de M. Dupuis sur la manière dont est figuré le signe de la Vierge à Notre-Dame, et ce que le P. Lambert, Dominicain, répond à ce système. Je vais en donner un précis.

Sur les portes du temple de Notre-Dame de Paris, dit M. Dupuis, on voit un monument précieux : les douze signes du Zodiaque sont sculptés sur le contour du quadrilatère, et rangés six par six perpendiculairement. Ce qu'il y a de singulier dans ce monument, c'est que la Vierge céleste ne se trouve pas dans la case que lui assigne l'astronomie; le statuaire s'est mis à sa place : on l'y voit représenté avec le tablier, le marteau et le ciseau à la main. C'est, continue M. Dupuis, que la Vierge, étant la Déesse du temple, on l'a sépa-

N.º 9. — 3.º La Balance *(Libra)* portée

rée de la foule, pour lui assigner un rang plus éminent. Ce monument offre de plus l'homme représenté dans les différentes époques de sa vie, depuis le moment de sa naissance jusqu'à sa vieillesse. De là, l'auteur conclut que la Vierge, honorée dans l'église de Notre-Dame et par tous les Chrétiens du monde, est absolument la même chose que la Déesse Isis des Egyptiens, et que l'une ou l'autre ne sont que la constellation connue sous le nom de la Vierge.

A cet exposé, voici ce que répond le P. Lambert :

Supposons, pour un moment, que dans le treizième siécle où le goût du merveilleux des figures et des allégories étoit si répandu, un artiste, en suivant son propre genie, ou les fantaisies de celui qui l'employe, se mette à représenter des rapports arbitraires entre la Vierge du Zodiaque et la Mère du Sauveur, faut-il en conclure que la Mère du Christ n'est, comme l'Isis d'Egypte, qu'un être imaginaire, une fiction astronomique : avec cette logique, on prouvera de même que le statuaire, qui, dans le moment dont il s'agit, occupe un rang entre les signes, ne fut non plus qu'un personnage allégorique.

Avant le treizième siécle, époque de ce monument, croyoit-on, dans l'Eglise de Paris et dans la

par une jeune fille; les bassins de la balance ont été détruits (1).

société chrétienne, la vérité historique des faits évangéliques sur le Christ et la Vierge sa mère? Oui certainement, puisqu'il y avoit alors des Chrétiens dans cette capitale et dans le reste du monde; mais si la persuasion, sur ces faits importans, étoit ferme, uniforme, générale, aussi ancienne que le Christianisme, lequel sans contestation remonte jusqu'au règne de Tibère, et s'il est impossible d'assigner à cette croyance universelle une autre origine, un autre fondement, que la déposition nette et précise d'une génération entière de témoins contemporains et oculaires, comment pourra-t-on se flatter d'atténuer des faits de cette nature, par des idées gothiques et de mauvais goût, que des peintres et des statuaires du treizième siècle auront imprimées sur la toile ou sur la pierre.

(1) M. Caussin, de l'Institut, membre de la troisième Classe, m'a remis un Mémoire savant et instructif sur la manière dont le signe de la Balance étoit représenté sur les anciens Zodiaques. Il doutoit que cette constellation eût été rendue autrement que par une balance sans aucune figure humaine; il étoit tenté de penser que la jeune fille qui, sur le portail de Notre-Dame, porte une balance, pouvoit exprimer deux signes à la fois,

N.º 10. — 4.º Le Scorpion qui est la dernière figure de ce pilier.

savoir : la Vierge et la Balance; il m'a invité à faire des recherches à cet égard.

J'ai vu depuis, dans les Descriptions de l'Abbaye de Saint-Denis, que le Zodiaque qui est sculpté sur la porte de l'église, présente, pour le signe de la Balance, les mêmes figures qu'à Notre-Dame; savoir : une jeune fille qui porte la balance. Mais voici qui est plus concluant : la rose en verres peints qui est au dessus de l'orgue de l'église de Notre-Dame, et qui date du treizième siécle, porte, parmi une multitude de figures, celles des signes du Zodiaque. On y voit bien distinctement exprimés : 1.º le signe de la Vierge, représenté par une jeune fille voilée tenant une grande palme à la main ornée de fleurs ; 2.º le signe de la Balance, exprimé par une autre jeune fille portant des balances. Au milieu de la rose est un astre composé de plusieurs étoiles appliquées l'une sur l'autre, ce qui, d'après plusieurs monumens anciens, pourroit représenter le soleil. Ainsi on n'avoit pas pu rapporter à la représentation de la Sainte-Vierge le huitième signe du Zodiaque, comme on l'a fait sur le portail. Nous pouvons donc persister à soutenir les opinions de MM. Le Gentil et Pasumot, relatives à l'intention des premiers sculpteurs du portail, qui a été de rendre à la manière

N.º 11. — 5.º Au dessous du pilier est le Sagittaire (*arcitenens*).

N.º 12. — 6.º Enfin, le Capricorne (*caper*) est sous la niche correspondante à celle dans laquelle est le Verseau.

A côté de chaque signe, et sur une autre face du même pilier, sont des figures qui marquent les travaux qui sont propres à chaque mois. Elles sont sculptées aussi dans des cadres séparés.

Près du Verseau, N.º 1, qui, comme on le sait, se rapporte au mois de Janvier, est un *Janus bifrons*, ayant une table devant lui; une autre figure à genoux, vêtue d'une robe, est à sa gauche, qui le sert. La table a été cassée. Le sculpteur aura voulu représenter tout à la fois, Janus à qui le mois *Januarius* étoit consacré, les plaisirs de la table qui sont propres à ce temps là, et le repas du jour des Rois, où le roi de la fève étoit servi à genoux. M. Pasumot, cité plus haut, voit ici un créancier assis à son bureau, et un débiteur à genoux qui lui demande du temps; mais on voyoit deux visages sur la petite statue qui est assise,

de ces temps-là un hommage à la patronne de l'Eglise de Paris,

et celui qui le sert posoit un plat sur la table.

2.º Près des Poissons (Février), N.º 2, un homme est assis devant le feu, tenant son soulier et chauffant son pied gauche; un grand vase et des saucisses sont accrochés au plancher.

3.º Près du Bélier (Mars), N.º 3, un vieillard coupe des branches d'arbre avec une serpette.

4.º Près du Taureau (Avril), N.º 4, une femme tient, dans chaque main, une poignée d'herbes, que l'on sarcle dans ce mois-ci, ou des asperges mal figurées; elle a à ses pieds les mêmes légumes. Elle a deux robes l'une sur l'autre, peut-être pour désigner que le froid règne encore pendant le mois d'Avril.

5.º Près des Gemeaux (Mai), N.º 5, une femme tient un bouquet de la main droite élevée, et de sa gauche un perroquet.

6.º Près du Lion qui, par erreur, est à la place du Cancer, N.º 6, un homme porté une botte de foin sur son dos, qu'il retient de la main gauche, de l'autre il tient une faucille.

7.º Près du Cancer ou de l'Ecrevisse,

N.º 7, mis à la place du Lion (Juillet), un homme aiguise sa faulx.

8.º Près de la Vierge, remplacée par un Tailleur de pierre (Août), N.º 8, un Moissonneur coupe du bled, et on y remarque, chose assez bizarre, quatre rangs ou étages de bled; soit que l'artiste ignorât la perspective, défaut qui étoit général à tous, soit que l'on ait voulu représenter le bled semé par rayes, dont les trois premières ont déja été coupées, la quatrième est actuellement sous la faulx du Moissonneur.

9.º Près de la femme portant une balance (Septembre), N.º 9, un jeune Fouleur de raisins est dans une cuve ou tonneau, il porte la main gauche sur sa tête.

10.º Près du Scorpion (Octobre), N.º 10, un vieillard sème du bled dans un champ, la main est cassée.

11.º Près du Sagittaire (Novembre), N.º 11, une figure mutilée mène des pourceaux pour lesquels il abat des glands.

12.º Près du Capricorne (Décembre), N.º 12, un homme assomme un pourceau qui est à ses pieds.

Sur le pilier du centre qui est très-large, au milieu duquel étoit autrefois une grande statue de la Vierge, sont sculptés, sur les deux faces, les âges de l'homme : on y a représenté aussi les saisons.

N.º 13. — 1.º En commençant par le bas à la droite du spectateur, un très-jeune homme dont la tête a été abattue.

N.º 14. — 2.º Un adolescent à robe longue, entourée d'une ceinture brodée, se promenant au milieu des arbres, sur l'un desquels est un oiseau.

N.º 15. — 3.º Un homme, dans l'âge mur, tient un faucon sur le poing, auprès de lui est un chien, avec lesquels il va à la chasse.

N.º 16. — 4.º Un homme plus âgé, ayant la barbe, est revêtu d'un manteau sur sa tunique; il est assis et appuye sa main droite sur sa poitrine, et sa gauche sur sa cuisse; il paroît méditer profondément.

N.º 17. — 5.º On voit un vieillard assis, plus âgé que le précédent, qui est en simple tunique sans manteau.

N.º 18. — 6.º Un homme dans le dernier état de décrépitude, ayant une longue barbe et assoupi, sa tête est voilée avec un pan de son manteau, il appuye sa main gauche sur sa hanche.

Sur le même pilier, le spectateur voit à sa gauche, d'autres bas-reliefs qui figurent les diverses saisons de l'année portées à six.

N.º 19. — 1.º Les grandes chaleurs sont représentées par un homme nud à l'ombre d'un arbre, premier bas-relief, en commençant par le haut.

N.º 20. — 2.º Une saison plus tempérée est figurée par un homme revêtu d'un vêtement léger, qui laisse la partie supérieure de son corps nue, il a quitté son manteau qu'il porte à la main.

N.º 21. — 3.º Le temps des équinoxes, ou l'égalité des jours et des nuits, est représenté par un Janus, ou un homme à deux visages; l'un jeune, qui figure le jour, l'autre vieux, qui figure la nuit. La moitié du corps, qui est du côté du vieux visage, est couvert, et l'autre est nud.

N.º 22. — 4.º Le temps où le Clergé prend ses habits d'hiver, qui est le milieu du mois d'Octobre, est représenté par un Prêtre revêtu d'un manteau de chœur et d'un camail.

N.º 23. — 5.º Les approches de l'hiver par un homme qui porte des fagots.

N.º 24. — 6.º Enfin, le grand froid par un homme qui se chauffe et qui est entouré d'une provision de bois placé sur deux étagères.

Avant de quitter le portail à gauche, je dois parler de quelques bas-reliefs sculptés d'une manière peu saillante, et qui sont placés à gauche, et à droite de la porte sous les niches les plus basses (1).

On voit à gauche : 1.° une Reine sur son trône, devant laquelle un homme à genoux tient un rouleau déployé sur lequel étoit peut-être tracé le plan d'une chapelle ou d'une église fondée par une Reine de France qu'on a voulu représenter ici.

2.° Un Ange qui fait sortir d'une espèce d'urne ou d'outre un *Démon*, le fond du tableau est chargé d'étoiles, pour marquer sans doute que l'action a eu lieu pendant la nuit.

3.° Un Evêque, peut-être S. Denis, à qui on coupe la tête.

4.° S. Michel, appuyé sur un bouclier, terrasse le Dragon; il est revêtu d'une tunique et de vêtemens semblables à ceux que les peintres grecs appliquoient aux Anges.

A droite on voit : 1.° une femme assise, et un jeune homme à genoux, tenant chacun des feuilles d'achante.

2.° Deux Clercs vêtus d'une aube, l'un tient une tête coupée, sans doute celle de S. Denis, dont le corps est à genoux. La

(1) Ils n'ont point été gravés.

tête est entourée d'une auréole. L'autre personnage porte un plat.

3.° S. Etienne lapidé par les Juifs.

4.° Un homme à genoux, auprès d'une chaire épiscopale qui est dans l'angle du tableau. Un Ange lui apparoît, et l'on voit dans le coin du tableau une main qui donne un ordre avec l'index. De très-anciens monumens figuroient ainsi les ordres venus du Ciel, et on lit, dans quelques-uns de ceux-là, ces paroles, *Digitus Dei hic est*.

5.° S. Pierre vêtu en évêque, tenant les clefs de la main gauche, imposant la main droite sur un évêque régionaire, peut-être S. Denis.

Je me suis abstenu de décrire ce qui l'est déja par les auteurs imprimés; ainsi je ne parle pas des portes chargées d'ornemens en fer qui sont à la droite et à la gauche de la façade principale. Ces ornemens sont parfaitement bien travaillés : on a assuré qu'ils étoient en fer fondu, et qu'ils appartenoient au treizième ou quatorzième siécles. L'abbé Lebœuf, qui connoissoit si bien les anciennes constructions, dit que ces ornemens datent du temps de la restauration des arts en France, c'est-à-dire du règne de François I. Je pense qu'il s'agit ici de fer battu et non pas de fer fondu; on excelloit dans l'art de battre le fer, dans les seizième et dix-septième siécles.

Je vais parler du portail situé au midi dans la cour de l'archevêché.

Tous les auteurs disent que le chœur, le sanctuaire, et la principale nef ont été commencés dans le douzième siécle, et achevés au commencement du treizième, sous le règne de Philippe-Auguste. Ils ajoutent que les chapelles latérales et le portail dont il s'agit ici, ont été commencés un peu plus tard.

Ce portail a été bâti et sculpté après la démolition d'une église très-ancienne qui portoit le nom de S. Etienne, et qui étoit située au midi de l'église consacrée à la Vierge.

Le martyre de S. Etienne est représenté sur ce portail, en mémoire de l'ancienne église qui ne subsiste plus. La date de la bâtisse de ce portail est consignée dans une inscription qui est sculptée tout du long, à trois ou quatre pieds de hauteur : elle est en lettres gothiques onciales.

Anno Dñi M̊. CC̊. LVII Mense Februario
Idus secundo hoc fuit inceptum opus
Stæ Genitricis honore Kallensi lathomo
vivente Johanne Magistro.

« L'an du Seigneur mil deux cent cin-
« quante-~~cinq~~, le second des Ides de Fé-
« vrier, cet ouvrage fut commencé pen-
« dant la vie (et par les soins) de Maître
« Jean de Chelles, maçon (ou architecte),
« en l'honneur de la Sainte Mère (de
« Dieu).»

On doit remarquer d'abord les sculptures qui sont au dessus du portail; on y voit :

1.º Cinq actions, trois en bas un peu pressées les unes sur les autres, et deux plus haut.

Dans la première, S. Etienne cherche à instruire les Juifs, il dispute avec eux.

2.º Il répond aux juges, un greffier écrit.

3.º Il comparoît devant un homme assis et en diadême; un soldat, ou garde, revêtu d'un habit militaire, est derrière lui; des Juifs l'insultent; l'un d'eux met sa main sur la tête de S. Etienne : deux hommes sont placés derrière lui avec des lances dont le bout est cassé.

4.º Plus haut, il est lapidé.

5.º Il est enseveli.

Au dessus de ces cinq actions, on voit Jésus Christ avec deux Anges.

Sur les murs latéraux du portail, sont huit bas reliefs plus petits, quatre de chaque côté; ils expriment encore plusieurs circonstances de la vie de S. Etienne, et son enlèvement au Ciel par des Anges.

Les sculptures de ce portail sont bien conservées, il n'y manque que les grandes statues, dont deux cependant existent encore. Les petites figures d'hommes et d'animaux qui soutiennent les huit petits médaillons incrustés dans les murs, sont assez bien travaillés.

Je vais passer à la description du portail septentrional qui fait face au cloître.

Sur le pilier du milieu est la statue de la Sainte-Vierge; au dessus sont sculptées la Naissance de Jésus-Christ, l'Adoration des Mages, la Présentation au Temple, le Massacre des Innocens, et la fuite en Egypte.

Au second rang, en remontant, on voit l'histoire d'une personne qui s'est donnée au Démon.

1.° Un homme est à genoux devant le Diable qui lui présente la main; un magicien est au milieu.

2.° Celui qui a fait le pacte, suivi d'un

petit Diable, est en présence d'une femme qui prie pour lui.

3.° Il va dans une église prier la Sainte-Vierge de le délivrer. Il est à genoux devant un autel, sur lequel est une petite statue de la Vierge.

4.° Une femme debout est entre le Possédé et le Diable qui est à genoux. C'est peut-être la Vierge qui a rompu le pacte. On verra sur le même mur, mais plus loin, une autre histoire de possession contenue dans un médaillon.

La partie supérieure du tympan représente S. Denis instruisant les fidèles, un livre à la main.

Ce portail est, d'après tous les auteurs qui ont parlé de Notre-Dame de Paris, fort postérieur à celui du milieu, et même à celui qui est du côté de l'archevêché. Toutes les sculptures du côté du cloître sont du quatorzième siècle, et celles de la porte rouge, dont nous allons parler, sont du quinzième. Les histoires des quatorzième et quinzième siècles, et même celles des temps antérieurs sont pleines de sortiléges et d'apparitions; il est probable qu'on a voulu représenter, dans quelques-uns des bas-reliefs de Notre-Dame, des traditions qui à cette époque étoient connues du peuple de Paris (1).

La porte rouge ou du chœur est à la suite du portail que je viens de décrire, en allant vers la rivière; elle a été construite aux dépens du duc de Bourgogne, Jean-sans-peur, en 1405, à ce que dit le Docteur Grandcolas, Histoire abrégée de l'Eglise de

---

(1) Maurice de Sully (*à Suliaco*), qui a été évêque de Paris, depuis 1160 jusqu'en 1196, exorcisa une possédée qui étoit née à Amiens; et l'on voyoit dans l'église de Notre-Dame, près de la porte rouge, une inscription qui constatoit cet exorcisme : les faits et gestes de la possédée étoient détaillés dans cette inscription. Il y étoit dit:

Latinè sic alloquebatur ut nullus intelligeret.

Elle parloit latin, mais de manière que personne ne pouvoit la comprendre.

M. Duverdier, correspondant de l'Institut, l'a lue avant la révolution, et il m'a communiqué ce qu'il en avoit retenu.

Maurice de Sully a commencé à faire bâtir l'église de Notre-Dame; Eudes, son successeur, l'a achevée (*Gallia Christ.*, tom. 7, *Eccles. Paris.*).

Paris, tome I, page 430; mais il n'est pas probable que le duc Jean ait pu s'occuper d'un pareil objet en 1405, temps auquel il vint à Paris dans un état de guerre contre le duc d'Orléans, et presque de révolte contre le Roi Charles VI et son conseil. Ces querelles, qui furent assoupies à la fin de 1405 par une paix plâtrée, se réveillèrent bientôt, et ne finirent que par l'assassinat du duc d'Orléans, dont Jean fut l'auteur en Novembre 1407.

La Description historique in-fol. que j'ai citée plus haut, dit que cette porte rouge est un bienfait du duc de Berry; il pouvoit appuyer son assertion sur une charte qui est dans les archives du Chapitre.

Jean, duc de Berry, frère du roi Charles V, mourut en 1416; il a été compté parmi les bienfaiteurs de l'Eglise de Paris.

Il est vraisemblable que la figure couronnée qui est représentée au dessus de la porte rouge, aux pieds de la Vierge, est celle du duc de Berry, et que la statue qui est de l'autre côté, représente une des deux femmes du duc : ou Jeanne d'Armagnac ou Anne de Bourbon.

Autour du ceintre de la porte, sont,

dans des compartimens différens, plusieurs bas-reliefs que je crois appartenir à la vie de S. Marcel, évêque de Paris.

Il paroît encore que le fond, sur lequel sont sculptées les figures, étoit doré, et que les figures étoient peintes en couleur.

Le premier bas-relief, à gauche, doit représenter un Juif possédé du Démon, que S. Marcel délivra; il est nud et à terre: un Dragon est à côté de lui. Ces figures sont aujourd'hui fort mutilées.

Le deuxième doit être le baptême du Juif, il est donné par immersion.

Dans le troisième, on voit S. Marcel célébrant la messe; il va communier le Juif converti. L'autel est carré, petit et isolé. La coupe du calice est large. On remarque ces formes d'autels et de vases sacrés sur les monumens anciens. On en voit un semblable à Marseille, sur le tombeau d'un sacristain de l'abbaye de Saint-Victor (*Guido Sacrista*); il est aujourd'hui au Musée de Marseille, et il date du treizième siècle.

4.º S. Marcel, assis et un livre à la main, instruit son peuple.

5.º Le corps d'une femme morte, et enterrée dans le faubourg qui a porté le nom de S. Marcel, étoit dévoré par un Dragon; cette femme apparoît à S. Marcel, le Dragon est de l'autre côté.

6.° S. Marcel instruit les enfans et distribue les aumônes.

En continuant depuis la porte rouge jusqu'au lieu où étoit l'ancienne paroisse de S. Denis-Dupas, on voit sur le mur, environ à six pieds d'élévation, six bas-reliefs que l'auteur de la Description des Curiosités de Notre-Dame, in-12, 1763, a expliqués, mais d'une manière qui n'est pas toujours exacte.

Le premier représente la Sainte-Vierge morte en présence des Apôtres. Les anciens Agiographes rapportent que les Apôtres, occupés alors à prêcher l'Evangile, furent miraculeusement transportés au lieu où étoit la Vierge mourante.

Le deuxième, les funérailles de la Vierge. Les Apôtres portent le cercueil : deux mains détachées d'un bras y sont restées attachées (1).

(1) Les peintures et sculptures qui représentent un Juif voulant renverser le cercueil dans lequel est le corps de la Vierge, se rencontrent souvent

Le troisième représente la Sainte-Vierge debout, une palme à la main, dans un ovale lumineux bordé de nuages et soutenu par des Anges.

sur les monumens des bas-temps. Les artistes grecs ont porté en Europe cette histoire apocryphe tirée de leurs Ménologues; on la voit citée dans les calendriers grecs, russes et mosques. Le troisième volume de Gory (*Thesaur. Veter. Dypticorum*, Planche XV du Supplément) offre la même histoire; on y voit S. Michel qui coupe avec son épée les mains du Juif qui vouloit renverser le cercueil. S. Jean Damascène, dans son Sermon sur la mort de la Vierge (*de Dormitione*), dit que les mains du Juif furent paralysées. Métaphraste (*Oratio de ortu vita et obitu Sanctæ Virginis*) dit que les mains furent coupées par une puissance invisible, et guéries ensuite par un miracle que fit S. Pierre, à la suite duquel ce Juif se convertit. La galerie de l'abbé Mariotti, aujourd'hui à M. Caparelli, à Rome, contenoit un tableau grec sur ce miracle. On le voit représenté dans la mosaïque inférieure de l'abbaye de Sainte-Marie (*in Transtevere*) à Rome. Le bas-relief dont il s'agit ici ne présente que les deux mains du Juif qui est terrassé au dessous du cercueil : un homme, qui veut retenir le cercueil, est monté sur le corps du Juif.

Le quatrième, Jésus-Christ environné d'Anges.

Dans le cinquième, Jésus-Christ a sa mère à côté de lui, sur un trône. Au dessus est une Annonciation sculptée en demi-relief.

Dans le sixième, on voit la Vierge aux pieds de son fils souffrant; elle est assistée de deux Anges.

Pour entendre l'explication du septième bas-relief, il faut y remarquer trois actions.

La première, qui est à la droite du spectateur, est formée de trois figures, dont l'une représente une femme qui se donne au Diable.

La deuxième représente le Démon qui reçoit des mains de la femme un contrat auquel est attaché un sceau.

La troisième, un Magicien portant un bonnet pointu; c'est le ministre et le médiateur de cet engagement.

La seconde partie, qui est celle du milieu, contient deux figures; l'une, supérieure, est celle de la Sainte-Vierge; l'autre, qui est au dessous, représente un homme vêtu en

Bénédictin, à genoux, priant la Vierge en faveur de la femme possédée.

Enfin, la troisième partie donne encore la Sainte-Vierge, et le Diable, tremblant à ses genoux, qui lui rend le contrat d'engagement de la possédée.

Ce bas-relief existe toujours, mais il est enclavé dans un nouvel agrandissement du jardin de l'archevêché, fait en 1813, et on ne peut le voir qu'en faisant un grand tour par les cours de l'archevêché.

Je ne parlerai pas des sculptures intérieures de l'église qui ont été décrites.

De tous les tombeaux et mausolées en relief, qui y étoient, le seul qui existe est le tombeau du chanoine Yver, mort en 1472; il est en entrant par la petite nef à gauche. Il représente un homme couché nud, sortant d'un tombeau, et au dessus le jugement dernier.

Il est décrit dans les Curiosités de l'Eglise de Paris, in-12, pag. 87 et suiv.

On ne voit, dans les livres, aucun détail sur les sculptures extérieures du chœur: voici ce qu'en dit l'ouvrage in-fol., sur Notre-Dame, dont j'ai parlé plus haut.

« On voit tout autour du chœur, en de-

« hors, des figures gothiques en relief, qui
« représentent la vie de N. S. Ces histoires
« passent, au jugement des connoisseurs,
« pour des morceaux bien travaillés pour
« le temps. Elles sont du quatorzième siècle,
« comme il paroît par l'inscription sui-
« vante (1) :

« C'est Maistre Jehan Ravy qui fut maçon
« de Nostre-Dame de Paris, par l'espace de
« vingt-six ans, et commença ces nouvelles
« histoires; et Maistre Jehan, Le Bouteil-
« lier, son neveu, les a parfaictes l'an
« 1351. »

Au dessus de quelques-unes de ces figures,
et vis-à-vis la porte rouge, par où entrent
les chanoines, on voyoit une pierre en bas-
relief sur laquelle étoit la figure d'un Ecclésiastique revêtu d'une dalmatique, avec cette
inscription à côté :

« Maistre Pierre de Fayel, chanoine de
« Paris, a donné 200 livres pour aider
« à faire ces histoires et pour les nou-
« velles voirrières qui sont sur le cœur de
« céans. »

Le percement des arcades, qui sont au-

(1) Cette inscription n'existe plus.

tour du chœur, a fait disparoître plusieurs de ces morceaux de sculpture.

L'histoire de J. C. commence à la Visitation de la Vierge, elle finit aux apparitions de J. C. après sa résurrection. On n'y voit plus le Crucifiement, la Sépulture, la Résurrection, ni l'Ascension.

A droite du côté de la porte rouge, sont :

1.º La Visitation.

2.º La Vocation des Bergers à la Crêche.

3.º La Naissance de Notre-Seigneur.

4.º L'Adoration des Mages.

5.º Hérode et le Massacre des Innocents.

6.º La Fuite en Egypte; les Dieux d'Egypte, placés dans une niche, tombent brisés de dessus leurs bases.

7.º La Présentation au Temple.

8.º L'Enfant-Jésus au milieu des Docteurs. On voit deux vieillards, dont l'un est assis ayant un livre à la main; l'autre debout, la Vierge est derrière.

9.º Le Baptême de Notre-Seigneur.

Jésus-Christ est plongé jusqu'à mi-corps, dans l'eau qui tourne autour de lui; on diroit qu'il est au milieu d'une montagne d'eau. Les circuits du Jourdain sont exprimés de la même manière sur quelques anciens monumens d'Italie, et le baptême de Jésus-Christ est ainsi représenté dans une mosaïque du baptistaire de S. Marc de Venise, que le P. Pacciandi a publié dans ses Antiquités Chrétiennes, *de Cultu S. Johannis Baptistæ, Romæ*, 1755, in-4.º. Saint-Jean est ici à la droite, revêtu d'une tunique et d'un manteau de peau, toujours à la manière des Grecs, qui ne représentent jamais des figures nues. A la gauche de Jésus-Christ est un Ange qui porte des linges.

10.º Les Noces de Cana. Jésus-Christ est à table; il a à côté de lui des grandes urnes qui contiennent l'eau qui va être changée en vin.

11.º L'Entrée de Jésus-Christ à Jérusalem sur une ânesse, suivi de son ânon. J. C. a devant lui un grand arbre dont les Juifs détachent des branches; plus loin est la porte de Jérusalem par laquelle Jésus-Christ n'est point encore entré. Un homme est sur cette porte, la curiosité le fait sortir de la ville pour voir le triomphe de Jésus-Christ.

12.º La Cène et le Lavement des pieds.

13.º Jésus-Christ dans le Jardin des Olives.

De l'autre côté du chœur, sont les diverses

apparitions de J. C. après sa résurrection. On peut commencer par le bas du côté de la chapelle de la Vierge.

Jésus-Christ et la Magdelaine.

Les Saintes Femmes.

Diverses apparitions aux Apôtres.

Les deux Disciples d'Emaüs marchant avec Jésus Christ.

Jésus-Christ mangeant avec ses Apôtres.

L'Incrédulité et la Conversion de S. Thomas.

La Pêche miraculeuse.

La Mission des Apôtres

Un autre Repas de Jésus-Christ avec ses Apôtres.

Il les bénit avant de monter au Ciel.

Je finis ici la description des bas-reliefs de Notre-Dame dont je m'étois proposé de parler. Les ouvrages que j'ai cités ont suffisamment expliqué tous les monumens que je n'ai pas décrit et qui existent encore, et même ceux que le temps et la révolution ont détruits. Entre ces statues qui ont été détruites, les plus remarquables, sans doute, étoient celles des Rois de France, depuis Clovis jusqu'à Philippe-Auguste. La plupart étoient placées au haut de la façade principale de l'église, et entre les colonnes qui existent encore. C'est un monument intéressant, dit D. de Montfaucon, que celui qui présente une série non interrompue des anciens souverains.

Mais ces statues, faites à la fois au commencement du treizième siécle, n'ont pu nous retracer avec exactitude les traits de ces princes, ni même les costumes des premiers temps. Lorsque M. de Peiresc et M. Du Moulinet, bibliothécaire de Sainte-Geneviève, ont voulu avoir les portraits des anciens Rois de France, l'un pour orner les salles du parlement d'Aix, l'autre pour décorer la bibliothéque de Sainte-Geneviève de Paris, ils n'ont pas consulté les statues de Notre-Dame; ils n'ont pas même voulu faire copier servilement tous les tableaux qui étoient à la Chambre des Comptes de Paris. Ils ont cru faire mieux, en faisant dessiner les images des Rois d'après les monnoies, d'après les vitraux des églises, les anciennes heures et les tombeaux; une partie du travail qui avoit été fait à ce sujet est expliquée dans un Mémoire instructif que Peiresc adressa à M. Guillemi, Prieur de Remoules (1), son

―――

(1) Je publierai incessamment, dans le Magasin Encyclopédique, la Lettre de Peiresc au Prieur de Remoules.

ami, qu'il faisoit voyager pour l'aider dans ses recherches. On peut voir le Discours de l'inauguration des Portraits des Rois dans la salle d'audience du Parlement d'Aix, prononcé, en 1608, par M. Du Vair, alors premier Président. Ce discours est dans les œuvres de M. Du Vair, in-fol. Ces portraits, faits avec tant de soin, ont été detruits pendant la révolution; ceux de la bibliothéque de Sainte-Geneviève sont les seuls qui existent.

www.ingramcontent.com/pod-product-compliance
Lightning Source LLC
Chambersburg PA
CBHW070251100426
42743CB00011B/2226